からだ整え

おにぎり と みそ汁

藤井 恵

はじめに　　　　お盆にたくさんの豆皿を並べた、しっかりとした献立も
もちろん大好きなのですが、日々続きすぎると少し疲れてきます。

食べる人にとっても、作る人にとっても負担にならず、
からだが整い、飽きずқにおいしくいただける献立とは何か？
そしてその時々に応じて、朝でも昼でも晩でも、
食べたい時や出したい時に手早く、手軽にバランスがとれる食事が作れたら、
とても便利でみんなが幸せになれると思い、たどりついたのが
おにぎりとみそ汁の献立でした。

なじみのあるおにぎりではありますが、
にぎる人やごはんのやわらかさ、合わせる具材によって、
味わいがさまざまに変化するのも楽しいところ。
今回、みそ汁には粉だしを使い、カルシウムやたんぱく質などの栄養素を
丸ごととれる工夫もしました。

緑黄色野菜、きのこ、海藻、大豆製品、肉や魚のたんぱく質、
そして発酵食品であるみそなど、からだにいい食材をたっぷりと組み合わせた献立。
1日に1食でも2食でも、今回ご紹介しているレシピを取り入れると、
からだが整ってくることをきっと感じていただけると信じています。

　　　　　　　　　　　　　　　　　　　　　　　　　　　　　　　　藤井 恵

4 からだ整え つまみ おにぎりとみそ汁

5 からだ整え ごちそう おにぎりとみそ汁

【この本での約束ごと】

・ 1カップは200ml、1合は180ml、大さじ1は15ml、小さじ1は5ml。「ひ
とつまみ」とは、親指、人さし指、中指の3本で軽くつまんだ量のことです。

・ 塩は精製されていないもの、黒しょうは粗びき黒こしょう、オリーブ油はエ
キストラ・バージン・オリーブオイル、だし汁はp28の粉だしのほか、昆布、
かつお節、煮干しなどでとったものを使ってください。

・ ごはんは茶碗1杯分＝125〜150g、茶碗軽く1杯分＝90〜100gです。

・ フライパンは、フッ素樹脂加工のものを使っています。

・ 電子レンジの加熱時間は、600Wのものを基準にしています。500Wの場
合は、1.2倍の時間を目安にしてください。機種によっては、多少差が出る
こともあります。

基本のおにぎりの作り方（塩むすび）

おにぎりのおいしさは、お米のとぎ方やにぎり方で大きく違ってきます。
時間がたってもふわっとやわらかく、ツヤツヤの作り方を
いちばんシンプルなおにぎり・塩むすびを例にとってご紹介します。

お米のとぎ方

ボウルにお米（2合）を入れ、たっぷりの流水を加えてすぐに捨てる。流水を加えつつ、やさしく両手でこすり合わせながら、水をかえてくり返し洗う。

＊しっかりめに洗うことで、米の表面が適度に傷つき、浸水しやすくなってごはんにツヤが出る

水がほぼ透明になったら、炊飯器に入れて2合の目盛り＋大さじ1の水を加えて60分おき、普通に炊く。

＊水分を少し多めにすると、やわらかめのごはんになり、軽くにぎるだけでふっくらとしたおにぎりが作れる

＊ひと晩浸水させてもおいしい（夏場は冷蔵室へ）

にぎり方

水大さじ1に塩小さじ½を混ぜ、塩水を作っておく。ごはんはおにぎり1個分（100g）を茶碗に入れる。

＊塩水をつけてにぎると、全体に塩がなじみ、ごはんの乾燥も防げる

＊暑い季節やお弁当で長時間持ち歩く時は、水を熱湯にすると腐敗防止に

塩水を手につけてごはんをのせ、まわりを固めるように手早く転がしながら、力を入れずに手の腹で三角ににぎる。

＊おにぎりはやや厚みがあるほうが、ふっくらとおいしく感じる

1

からだ整え
おにぎりとみそ汁

定番

梅干しやたらこなどの定番の具に、からだ整え食材を加えたおにぎり。
みそ汁には食物繊維どっさりのきのこ、ビタミン類豊富な野菜を加えて、
栄養満点にしました。汁に溶け出した栄養を丸ごといただけるのが、
みそ汁の大きな魅力。朝・昼・晩、いつでもおいしく食べられる献立です。

梅干しひじきおにぎり＋豆腐となめこのみそ汁

おにぎりの梅干しにはひじきを、みそ汁にはなめこを加えて、
食物繊維たっぷりに。海藻＆きのこで、腸内環境が整う組み合わせです。
みそ汁に小松菜を加えると、彩りがよく、β-カロテンもとれます。

梅干しひじきおにぎり

[材料] 2人分／4個

梅干し (種を除き、大きめにちぎる) … 大1個

| 芽ひじき (乾燥・水につけて戻す) … 小さじ2
| しょうゆ … 小さじ½

金いりごま (または白いりごま) … 大さじ½

ごはん (温かいもの) … 茶碗軽く4杯分 (400g)

[作り方]

1 ひじきは熱湯で2〜3分ゆでてざるに上げ、しょうゆをからめる。

2 ボウルに汁けを絞った**1**、残りの材料を入れてさっくり混ぜ、4等分し、塩水 (p6) を手につけて三角ににぎる。

豆腐となめこのみそ汁

[材料] 2人分

絹ごし豆腐 (2cm角に切る) … ½丁 (150g)

なめこ … 1袋 (100g)

小松菜 (3cm幅に切る) … 2株

だし汁 … 2カップ

みそ … 大さじ1〜1½

[作り方]

1 鍋にだし汁を入れて火にかけ、煮立ったら小松菜を加えてふたをして中火で1分煮、豆腐を加えてさらに1〜2分煮る。

2 みそを溶き入れ、なめこを加え、煮立つ直前に火を止める。

たらこすりごまおにぎり + 厚揚げと大根のみそ汁

人気のたらこおにぎりは、すりごまで食物繊維がとれるように工夫。
みそ汁に加えた大根葉は、β-カロテン豊富で、根よりも栄養価が高いです。
厚揚げは豆腐類の中でもたんぱく質が多く、豆腐がわりに使うのもおすすめです。

たらこすりごまおにぎり

[材料] 2人分／4個

たらこ (薄皮ごとちぎる) … ½腹 (1本・40g)
白すりごま … 大さじ1
ごはん (温かいもの) … 茶碗軽く4杯分 (400g)

[作り方]

1 ボウルに材料をすべて入れてさっくり混ぜ、4等分し、塩水 (p6) を手につけて三角ににぎる。

厚揚げと大根のみそ汁

[材料] 2人分

厚揚げ (熱湯をかけ、1cm幅のひと口大に切る) … 1枚 (150g)
大根 (5mm角の棒状に切る) … 3cm
大根の葉 (小口切り) … 1カップ (80g)
だし汁 … 2カップ
みそ … 大さじ1〜1½

[作り方]

1 鍋にだし汁、大根を入れて火にかけ、煮立ったら厚揚げ、大根の葉を加え、ふたをして中火で1〜2分煮る。

2 みそを溶き入れ、煮立つ直前に火を止める。

昆布小えびおにぎり＋豆腐とアスパラのみそ汁

食物繊維豊富な昆布のおにぎりは、丸ごと食べられる小えびでカルシウムを強化。
豆腐の良質なたんぱく質＋アスパラに含まれるアスパラギン酸の力で、
疲労回復効果があるみそ汁に。食物繊維もしっかりとれる組み合わせです。

昆布小えびおにぎり

[材料] 2人分／4個

昆布のつくだ煮 … 小さじ2

小えび（乾燥）… 大さじ4

ごはん（温かいもの）… 茶碗軽く4杯分（400g）

[作り方]

1 ボウルに材料をすべて入れてさっくり混ぜ、4等分し、塩水（p6）を手につけて三角ににぎる。

豆腐とアスパラのみそ汁

[材料] 2人分

木綿豆腐（1.5cm角に切る）… ½丁（150g）

グリーンアスパラ（下のかたい皮をむき、3cm幅に切る）… 5本

だし汁 … 2カップ

みそ … 大さじ1〜1½

[作り方]

1 鍋にだし汁、アスパラを入れて火にかけ、煮立ったら豆腐を加え、ふたをして中火で1〜2分煮る。

2 みそを溶き入れ、煮立つ直前に火を止める。

焼き鮭おにぎり＋長いもとオクラのみそ汁

鮭のアスタキサンチンの抗酸化作用で、老化防止と免疫力アップ。
長いもとオクラを使ったみそ汁は、たんぱく質＆食物繊維もたっぷりです。
刻み昆布入りの漬けもので、食物繊維をプラス。お腹がすっきりする献立です。

きゅうりの
昆布漬け

焼き鮭おにぎり

[材料] 2人分／4個

甘塩鮭の切り身 … 1枚 (100g)
ごはん (温かいもの)
　… 茶碗軽く4杯分 (400g)
焼きのり (縦4等分に切る) … 全形1枚

[作り方]

1 鮭は魚焼きグリルでこんがり4
　〜5分焼き、皮と骨を除いて大き
　めにほぐす。

2 ボウルにごはん、1を入れてさっ
　くり混ぜ、4等分し、塩水 (p6)
　を手につけて三角ににぎり、のり
　を巻く。

長いもとオクラのみそ汁

[材料] 2人分

長いも (皮ごと1cm幅の輪切り) … 6cm (100g)
オクラ (ガクをむき、斜め4等分に切る) … 4本
だし汁 … 2カップ
みそ … 大さじ1〜1½

[作り方]

1 鍋にだし汁、長いもを入れて火に
　かけ、煮立ったらふたをして中火
　で2〜3分煮る。

2 みそを溶き入れ、オクラを加え、
　煮立つ直前に火を止める。

きゅうりの昆布漬け

[材料] 2人分

きゅうり (7〜8mm幅の斜め切り) … 1本
刻み昆布 (乾燥・さっと洗う) *
　… ひとつまみ (2g)
しょうゆ … 大さじ½
砂糖 … 小さじ½
*p62参照

[作り方]

1 ポリ袋に材料をすべて入れて混
　ぜ、空気を抜いて口を結び、30
　分以上おく。

*ひと晩おいてもおいしい

おかか青ねぎおにぎり＋かぼちゃとあおさのみそ汁

定番のおかかおにぎりには万能ねぎ、みそ汁にはかぼちゃを入れて、
β-カロテンをしっかりとり、抗酸化作用で免疫力を高めます。
みそ汁には多めにあおさも入れ、食物繊維でお通じもよくなります。

おかか青ねぎおにぎり

[材料] 2人分／4個

A｜削り節 … 2袋（4g）
　｜しょうゆ … 小さじ2
万能ねぎ（小口切り）… 2本
ごはん（温かいもの）… 茶碗軽く4杯分（400g）

[作り方]

1 ボウルに**A**を入れて混ぜ、残りの材料を加えてさっくり混ぜ、4等分し、塩水（p6）を手につけて三角ににぎる。

かぼちゃとあおさのみそ汁

[材料] 2人分

かぼちゃ（1cm幅のひと口大に切る）… 1/16個（100g）
油揚げ（熱湯をかけ、横半分に切って5mm幅に切る）… 1枚
あおさ（乾燥・さっと水にくぐらせ、水けを絞る）… 大さじ3（5g）
だし汁 … 2カップ
みそ … 大さじ1〜1½

[作り方]

1 鍋にだし汁、かぼちゃ、油揚げを入れて火にかけ、煮立ったらふたをして中火で4〜5分煮る。

2 みそを溶き入れ、あおさを加え、煮立つ直前に火を止める。

ツナマヨしそおにぎり＋ブロッコリーとにんじんのみそ汁

青じそで包んだおにぎりと、緑黄色野菜を使ったみそ汁は、
β-カロテン、ビタミンCの宝庫。免疫力アップ＆若返りに最適です。
高たんぱくのツナは、マヨ＋レモンの酸味ですっきり味に仕上げます。

ツナマヨしそおにぎり

[材料] 2人分／4個

A ┃ ツナ缶 (汁けをきる) … 小1缶 (70g)
　┃ マヨネーズ … 大さじ1
　┃ レモン汁 … 小さじ1
　┃ 塩、こしょう … 各少々
ごはん (温かいもの) … 茶碗軽く4杯分 (400g)
青じそ … 8枚
焼きのり (縦4等分に切る) … 全形1枚

[作り方]

1 ごはんを4等分し、混ぜたAを¼量ずつ包み (上にのせる分を少し残す)、塩水 (p6) を手につけて三角ににぎり、両面に青じそをはりつける。

2 のりを巻き、残りのツナをのせる。

ブロッコリーとにんじんのみそ汁

[材料] 2人分

ブロッコリー (小房に分ける) … ⅓株 (120g)
にんじん (皮ごと5mm幅の半月切り) … ⅓本
だし汁 … 2カップ
みそ … 大さじ1〜1½

[作り方]

1 鍋にだし汁、にんじんを入れて火にかけ、煮立ったらふたをして中火で3〜4分煮、ブロッコリーを加えてさらに1分煮る。

2 みそを溶き入れ、煮立つ直前に火を止める。

明太子韓国のりおにぎり + 油揚げとかぶのみそ汁

韓国のりの塩け&ごま油の風味がアクセントの明太子おにぎりに、
かぶのみそ汁を合わせて、ビタミン類と食物繊維を補いました。
かぶはβ-カロテン、ビタミンC、カルシウムが多い、葉を多めに使うのがポイント。

明太子韓国のりおにぎり

[材料] 2人分／4個

明太子（薄皮ごとちぎる）… ½腹（1本・40g）
韓国のり（細かくちぎる）… 小10枚（4g）
ごはん（温かいもの）… 茶碗軽く4杯分（400g）

[作り方]

1 ボウルに材料をすべて入れてさっくり混ぜ、4等分し、塩水（p6）を手につけて三角ににぎる。

油揚げとかぶのみそ汁

[材料] 2人分

油揚げ（熱湯をかけ、横3等分に切って5mm幅に切る）… 1枚
かぶ（皮ごと1.5cm幅のくし形切り）… 2個（160g）
かぶの葉（1cm幅の小口切り）… 1カップ（80g）
だし汁 … 2カップ
みそ … 大さじ1〜1½

[作り方]

1 鍋にだし汁、油揚げ、かぶを入れて火にかけ、煮立ったらふたをして中火で3〜4分煮、かぶの葉を加えてさらに1分煮る。

2 みそを溶き入れ、煮立つ直前に火を止める。

しらすわかめおにぎり＋鶏肉とまいたけのみそ汁

しらすによく合うわかめを加えて、食物繊維を強化したセットです。
みそ汁のまいたけは食物繊維が豊富なうえ、酵素の力で肉をやわらかく、
β-グルカンで免疫力アップも望めます。漬けものの白菜のカリウムで、むくみ予防も。

白菜のゆず漬け

しらすわかめおにぎり

[材料] 2人分／4個

しらす … 大さじ4

A カットわかめ (乾燥・水につけて戻し、水けを絞って粗みじん切り)
… 大さじ2
しょうゆ … 小さじ1

ごはん (温かいもの)
… 茶碗軽く4杯分 (400g)

[作り方]

1 ボウルに**A**を入れて混ぜ、残りの材料を加えてさっくり混ぜ、4等分し、塩水 (p6) を手につけて三角ににぎる。

鶏肉とまいたけのみそ汁

[材料] 2人分

鶏もも肉 (皮つき・3cm角に切る)
… 小 1/2 枚 (125g)
まいたけ (ほぐす) … 1パック (100g)
万能ねぎ (2〜3cm幅に切る) … 3本
だし汁 … 2カップ
みそ … 大さじ1〜1 1/2
ごま油 … 小さじ1

[作り方]

1 鍋にごま油を熱し、鶏肉を皮目から強めの中火でこんがり炒め、まいたけ、だし汁を加えて煮立ったらアクをとり、ふたをして中火で4〜5分煮る。

2 みそを溶き入れ、煮立つ直前に火を止め、万能ねぎを加える。

白菜のゆず漬け

[材料] 2人分

白菜 (3cm角に切る) … 2枚 (200g)
塩 … 小さじ1
ゆず … 薄い輪切り3枚

[作り方]

1 ポリ袋に白菜、塩を入れてまぶし、ゆずを加えて空気を抜いて口を結び、重し (400g) をのせて冷蔵室で5〜6時間以上おく。水けを絞って食べる。

じゃことろろ昆布おにぎり＋豚肉とえのきのみそ汁

カルシウムを多く含むちりめんじゃこに、とろろ昆布の食物繊維を加えました。
きのこのみそ汁でさらに食物繊維を補い、しょうがと一緒に煮ることで、
からだが温まり、代謝が上がってエネルギーを消費しやすくなります。

じゃことろろ昆布おにぎり

[材料] 2人分／4個

ちりめんじゃこ … 大さじ4
とろろ昆布（細かくちぎる）… ひとつまみ（2g）
ごはん（温かいもの）… 茶碗軽く4杯分（400g）

[作り方]

1 ボウルに材料をすべて入れてさっくり混ぜ、4等分し、塩水（p6）を手につけて三角ににぎる。

豚肉とえのきのみそ汁

[材料] 2人分

豚薄切り肉（3cm幅に切る）… 5枚（100g）
えのきだけ（長さを3等分に切り、ほぐす）… 1袋（100g）
しょうが（皮ごとせん切り）… 1かけ
だし汁 … 2カップ
みそ … 大さじ1〜1½
万能ねぎ（小口切り）… 2本

[作り方]

1 鍋にだし汁、豚肉（ほぐして）、しょうがを入れて火にかけ、煮立ったらアクをとり、えのきを加えてふたをして中火で2〜3分煮る。

2 みそを溶き入れ、煮立つ直前に火を止め、器に盛って万能ねぎをのせる。

鮭マヨブロッコリーおにぎり＋しじみとしめじのみそ汁

鮭のビタミンDでカルシウムの吸収をアップ、アスタキサンチンの抗酸化作用に、
ビタミンC豊富なブロッコリーを合わせました。しじみの5倍ものオルニチンを
含むしめじは、肝臓によく、疲労回復や睡眠改善にも効果があります。

鮭マヨブロッコリーおにぎり

[材料] 2人分／4個

A｜鮭フレーク … 大さじ3
　｜マヨネーズ … 大さじ1
　｜七味唐辛子 … ふたつまみ
ブロッコリー（粗みじん切り）… ¼株（90g）
ごはん（温かいもの）… 茶碗軽く4杯分（400g）

[作り方]

1 耐熱ボウルにブロッコリーを入れ、ラップをかけて電子レンジで2分加熱し、キッチンペーパーで水けをしっかりふく。

2 Aを加えて混ぜ、ごはんを加えてさっくり混ぜ、4等分し、塩水（p6）を手につけて三角ににぎる。

しじみとしめじのみそ汁

[材料] 2人分

しじみ（砂抜きしたもの・よく洗う）… 150g
しめじ（ほぐす）… 1パック（100g）
A｜水 … 2カップ
　｜酒 … 大さじ1
　｜昆布（あれば）… 5cm角1枚
みそ … 大さじ1〜1½

[作り方]

1 鍋にA、しじみを入れて火にかけ、煮立ったらアクをとり、しめじを加えてふたをしないで中火で2〜3分煮る。

2 みそを溶き入れ、煮立つ直前に火を止める。

だし汁について（粉だし）

だし汁は好みのものを使っていいのですが、
わが家では手作りの「粉だし」を愛用。だしごと飲み干せば、
たんぱく質、カルシウムなどの栄養がしっかりとれます。

◉煮干しと昆布

カルシウムやミネラルが豊富。
煮干しの深いコクがあります。

[材料] 作りやすい分量

煮干し（ワタを除く）…50g
昆布…5cm角1枚

◉削り節と昆布

白みそとも相性がよく、香り芳醇。
たんぱく質、ミネラルもたっぷり。

[材料] 作りやすい分量

花かつお…50g
昆布…5cm角1枚

◉干ししいたけと小えび

食物繊維、ビタミンD、カルシウムの宝庫。
洋風や肉入りのみそ汁にも合います。

[材料] 作りやすい分量

干ししいたけ…4枚（40g）
小えび（乾燥）…50g

[作り方] 共通

材料すべてを食品ミル（粉砕機）
にかけて粉状にする。
＊または、すり鉢ですってもいい

小分けして冷凍保存を

粉だしは1回分（2人分で大さじ1）ず
つラップで包み、冷凍室で保存を。使
う時に1つずつ取り出せるので便利。
日持ちは約2か月。

2

からだ整え
ボリュームおにぎりとみそ汁

みそ汁に加える肉、魚、豆腐などのたんぱく質をぐっと多めにすることで、
しっかりおかずになるひと皿にしました。おにぎりもごはんの量を多くして、
食べごたえをアップ。それでも、油を使った具材などは少ないので、
胃に負担はかかりません。ごはんが多ければ、減らして作ってもOKです。

大根葉おにぎり+シンプル豚汁

さっとゆでた大根葉を混ぜ込んだおにぎりは、シャキシャキと食感がよく、
ビタミンCやβ-カロテンがたっぷり。これに、わかめやひじきを足しても美味。
みそ汁のたんぱく質、β-カロテンと合わせ、肌の調子や免疫力を高めるセットです。

⇒作り方は36ページ

わかめおかかおにぎり + 鶏肉としいたけの粕汁

食物繊維がしっかりとれるわかめのおにぎりに、おかかの風味を添えました。
鶏肉のうまみたっぷりの粕汁は、酒粕 + みそのダブルの発酵食品で
新陳代謝を活発に。からだが温まり、女性にうれしい美肌効果もあります。

⇒作り方は 37 ページ

韓国のりごまおにぎり+さば缶とキムチのみそ汁

おにぎりにはごまを混ぜ、ビタミンEで若返り。トップクラスのDHA、EPAを含み、
骨ごと食べられてカルシウム豊富なさば缶は、栄養が溶け出した汁ごと使って。
発酵食品のキムチには、にらのβ-カロテンを合わせて抗酸化力を上げます。

⇒作り方は38ページ

キャベツの
ピリ辛漬け

たくあんおかかおにぎり+けんちん汁風みそ汁

おかか入りのおにぎりは、大きめに刻んだたくあんの食感をアクセントに。
みそ汁の厚揚げは、ちぎって歯ざわりをやさしく、焼いてコクと風味をプラス。
おにぎりの削り節と合わせて、たんぱく質を強化して体調を整えます。

⇒作り方は 39 ページ

にんじんしりしりおにぎり＋豚肉と山いも団子のみそ汁

レンチンで作れるにんじんしりしりは、油を合わせてβ-カロテンの吸収率を上げ、
栄養価の高い卵とともにごはんに混ぜます。汁の山いも団子は、すりおろして加えるだけ。
消化酵素の働きで胃にやさしく、豊富な食物繊維でお腹もすっきりします。

⇒作り方は40ページ

小えび紅しょうがおにぎり＋納豆となめこのみそ汁

丸ごと食べられる小えびは、カルシウムの宝庫。紅しょうがを合わせて、
淡泊な味を引きしめます。みそ汁に入れた発酵食品の納豆、こんにゃくとなめこの食物繊維で、
腸が喜ぶセット。納豆は刻んだりすりつぶすと、吸収がよくなってさらにおすすめ。

⇒作り方は 41 ページ

大根葉おにぎり

[材料] 2人分／4個

大根の葉 (小口切り) … 1¼ カップ (100g)
塩 … 小さじ ¼
ごはん (温かいもの) … 茶碗 4 杯分 (500g)

[作り方]

1 大根の葉は熱湯でさっとゆで、塩をまぶし、粗熱がとれたら水けをしっかり絞る。

2 ボウルにごはん、**1** を入れてさっくり混ぜ、4 等分し、塩水 (p6) を手につけて三角ににぎる。

シンプル豚汁

[材料] 2人分

豚薄切り肉 (3cm幅に切る) … 8 枚 (150g)
大根 (短冊切り) … 3 cm
にんじん (皮ごと短冊切り) … ⅓ 本
A だし汁 … 2 カップ
酒 … 大さじ 1
みそ … 大さじ 1 〜 1½
七味唐辛子 … 少々

[作り方]

1 鍋に **A**、豚肉 (ほぐして)、大根、にんじんを入れて火にかけ、煮立ったらアクをとり、ふたをして中火で 10 分煮る。

2 みそを溶き入れ、煮立つ直前に火を止め、器に盛って七味をふる。

わかめおかかおにぎり

[材料] 2人分／4個

A｜カットわかめ（乾燥・水につけて戻し、
　　水けを絞ってみじん切り）… 大さじ2
　｜削り節 … 2袋（4g）
　｜しょうゆ … 小さじ1
ごはん（温かいもの）… 茶碗4杯分（500g）

[作り方]

1 ボウルにAを入れて混ぜ、ごはんを加えて
さっくり混ぜ、4等分し、塩水（p6）を手に
つけて三角ににぎる。

鶏肉としいたけの粕汁

[材料] 2人分

鶏もも肉（皮つき・3cm角に切る）… 大½枚（200g）
生しいたけ（薄切り）… 3枚
こんにゃく（ひと口大にちぎり、さっとゆでる）… 小½枚
だし汁 … 2カップ
A｜白みそ … 大さじ1½
　｜酒粕 … 大さじ2
長ねぎ（小口切り）… 5cm

[作り方]

1 鍋にだし汁、鶏肉を入れて火にかけ、煮立
ったらアクをとり、しいたけ、こんにゃくを
加えてふたをして中火で3〜4分煮る。

2 Aに**1**の煮汁を少し加えて溶かし、**1**に加
えて混ぜ、煮立つ直前に火を止める。器に
盛り、長ねぎをのせる。

韓国のりごまおにぎり

[材料] 2人分／4個

韓国のり (細かくちぎる)
　　… 小20枚 (8g)
金いりごま (または白いりごま)
　　… 大さじ2
ごはん (温かいもの)
　　… 茶碗4杯分 (500g)

[作り方]

1 ボウルに材料をすべて入れてさっくり混ぜ、4等分し、塩水 (p6) を手につけて三角ににぎる。

さば缶とキムチのみそ汁

[材料] 2人分

さば水煮缶 … 1缶 (180g)
白菜キムチ (ひと口大に切る)
　　… ½カップ (100g)
にら (3cm幅に切る) … 1束
水 … 2カップ
みそ … 大さじ1〜1½

[作り方]

1 鍋にさば缶 (汁ごと)、キムチ、水を入れて火にかけ、煮立ったらふたをしないで中火で2〜3分煮る。

2 にらを加え、みそを溶き入れ、煮立つ直前に火を止める。

キャベツのピリ辛漬け

[材料] 2人分

キャベツ (3cm角に切る) … 4枚 (200g)
塩 … 小さじ1
A ┃ 長ねぎ (みじん切り) … 5cm
　　┃ 粉唐辛子 … 大さじ1
　　┃ 煮干しと昆布の粉だし (p28参照・あれば)
　　┃ 　… 大さじ½
　　┃ はちみつ … 小さじ1
　　┃ にんにく (すりおろす)、薄口しょうゆ、
　　┃ 　ナンプラー … 各小さじ½ *

＊薄口しょうゆがなければ、ナンプラーを
小さじ1強に増やして

[作り方]

1 キャベツは塩をふり、しんなりしたら水けをふき、混ぜた**A**に加えてあえる。

＊すぐでも、冷蔵室で2〜3日おいてもおいしい

たくあんおかかおにぎり

[材料] 2人分／4個

たくあん（粗みじん切り）… 4cm（50g）

削り節 … 2袋（4g）

金いりごま（または白いりごま）… 大さじ1

ごはん（温かいもの）… 茶碗4杯分（500g）

[作り方]

1 ボウルに材料をすべて入れてさっくり混ぜ、4等分し、塩水（p6）を手につけて三角ににぎる。

けんちん汁風みそ汁

[材料] 2人分

厚揚げ（熱湯をかけ、ひと口大にちぎる）… 2枚（300g）

大根（7〜8mm幅のいちょう切り）… 4cm

にんじん（皮ごと7〜8mm幅の半月切り）… ⅓本

だし汁 … 2カップ

みそ … 大さじ1〜1½

ごま油 … 大さじ½

万能ねぎ（小口切り）… 適量

[作り方]

1 鍋にごま油を熱し、厚揚げを強めの中火で炒め、薄く焼き色がついたら大根、にんじんを加えて油が回るまで炒め、だし汁を加えてふたをして中火で5〜6分煮る。

2 みそを溶き入れ、煮立つ直前に火を止め、器に盛って万能ねぎをのせる。

にんじんしりしりおにぎり

[材料] 2人分／4個

A にんじん（皮ごとスライサーで細切り）… ½本
　　ごま油 … 小さじ1
B 卵 … 1個
　　塩 … 小さじ¼
削り節 … 1袋（2g）
ごはん（温かいもの）… 茶碗4杯分（500g）

[作り方]

1 耐熱ボウルに**A**を入れて混ぜ、ラップをかけて電子レンジで2分加熱する。**B**を加えて混ぜ、ラップをかけずに電子レンジで1分加熱し、よく混ぜる。

2 削り節、ごはんを加えてさっくり混ぜ、4等分し、塩水（p6）を手につけて三角ににぎる。

豚肉と山いも団子のみそ汁

[材料] 2人分

豚薄切り肉（2cm幅に切る）… 8枚（150g）
大和いも（よく洗い、皮ごとすりおろす）… 6cm（100g）
白菜（3cm角に切る）… 2枚
A だし汁 … 2カップ
　　酒 … 大さじ1
みそ … 大さじ1～1½

[作り方]

1 鍋に**A**、豚肉（ほぐして）、白菜を入れて火にかけ、煮立ったらアクをとり、ふたをして中火で5～6分煮る。

2 大和いもをスプーンでひと口大にすくって加え、1～2分煮、みそを溶き入れ、煮立つ直前に火を止める。

すりおろした大和いもは、大きめのスプーンですくってだし汁に加える。こうして1～2分煮れば、もっちりとしたお団子に。

小えび紅しょうがおにぎり

[材料] 2人分／4個

小えび (乾燥) … 大さじ6
紅しょうが (みじん切り) … 大さじ1
ごはん (温かいもの) … 茶碗4杯分 (500g)

[作り方]

1 ボウルに材料をすべて入れてさっくり混ぜ、4等分し、塩水 (p6) を手につけて三角ににぎる。

納豆となめこのみそ汁

[材料] 2人分

納豆 … 1パック (40g)
なめこ … 1袋 (100g)
こんにゃく (ひと口大にちぎり、さっとゆでる)
　… ½枚 (100g)
だし汁 … 2カップ
みそ … 大さじ1〜1½
長ねぎ (小口切り) … 5cm

[作り方]

1 鍋にだし汁、こんにゃくを入れて火にかけ、煮立ったら中火にしてみそを溶き入れ、なめこを加えて煮立つ直前に火を止める。

2 器に盛り、納豆、長ねぎをのせる。

納豆巻きおにぎり+牛肉と里いものみそ汁

のり巻き風のおにぎりの納豆には卵黄をからめてコクを出し、みそ汁の里いもと
ダブルの食物繊維で腸活を。みそ汁の牛肉は、豚肉や鶏肉にかえてもOKです。
からし入りの酢じょうゆで味つけしたなすが、あと味すっきりでいい箸休めに。

⇒作り方は 46 ページ

なすの
からし漬け

大豆おぼろ昆布おにぎり＋三平汁風みそ汁

良質なたんぱく質を含む大豆は、昆布とともに食物繊維たっぷり。
おにぎりに巻くなら、とろろ昆布よりも、ふんわりとしたおぼろ昆布を選んで。
汁にはビタミンD豊富な鮭、ビタミンCの多いじゃがいもを入れ、バターでコクを出します。

⇒作り方は47ページ

大根葉の当座煮おにぎり+さつま汁

甘辛く炒めた大根の葉のおにぎりに、さつまいも入りのさつま汁で、
β-カロテンとビタミンCを十分に摂取。美肌・抗酸化作用の高い組み合わせです。
汁に大根やにんじんを追加して、さらに栄養バランスを整えるのもおすすめ。

⇒作り方は48ページ

パセリチーズおにぎり + ブロッコリーのミルクみそ汁

バターじょうゆごはんに、β-カロテンの王様・パセリを加えたおにぎりは、
アンチエイジング効果が期待できます。おにぎりのチーズと牛乳入りのみそ汁で、
カルシウムも強化。骨を丈夫にしつつ、更年期のイライラも予防してくれます。

⇒作り方は 49 ページ

納豆巻きおにぎり

[材料] 2人分／4個

A | 納豆 … 2パック（80g）
| 卵黄 … 1個分
| 長ねぎ（みじん切り）… 3cm
| 削り節 … 1袋（2g）
| しょうゆ … 小さじ2

ごはん（温かいもの）
　… 茶碗軽く4杯分（400g）

焼きのり（縦半分に切る）… 全形2枚

[作り方]

1 のりは縦長に置き、ごはんの¼量を向こう側を3cmあけて広げ、混ぜた**A**の¼量を手前側に横一列にのせ、くるりと巻いて巻き終わりを下にする。残りも同様に作る。

牛肉と里いものみそ汁

[材料] 2人分

牛切り落とし肉（4cm幅に切る）… 150g
里いも（4等分の輪切り）… 3個（150g）
長ねぎ（1cm幅の斜め切り）… ⅓本

A | だし汁 … 2カップ
| 酒 … 大さじ1

みそ … 大さじ1〜1½
粉山椒 … 少々

[作り方]

1 鍋に**A**、里いもを入れて火にかけ、煮立ったらふたをして中火で5〜6分煮、牛肉を加えてほぐし、再び煮立ったらアクをとる。長ねぎを加え、さらに2〜3分煮る。

2 みそを溶き入れ、煮立つ直前に火を止め、器に盛って粉山椒をふる。

なすのからし漬け

[材料] 2人分

なす（縦4等分に切り、2cm幅に切る）
　… 3本（200g）
塩 … 小さじ1

A | 酢、砂糖、しょうゆ … 各小さじ1
| 練りがらし … 小さじ½

[作り方]

1 なすはたっぷりの水に5分つけ、塩をまぶし、重し（400g）をのせて30分おき、さっと洗って水けを絞る。混ぜた**A**に加え、よくあえる。

＊色が悪くなるので、すぐに食べるのがおすすめ

大豆おぼろ昆布おにぎり

[材料] 2人分／4個

ゆで大豆 … 150g
ごはん (温かいもの) … 茶碗軽く4杯分 (400g)
おぼろ昆布 … 適量

[作り方]

1 ボウルにごはん、大豆を入れてさっくり混ぜ、4等分し、塩水 (p6) を手につけて三角ににぎり、おぼろ昆布を巻く。

三平汁風みそ汁

[材料] 2人分

甘塩鮭の切り身 (3cm幅に切り、熱湯をかける)
　… 2枚 (200g)
じゃがいも (6等分に切り、さっと洗う) … 1個 (120g)
いんげん (3cm幅に切る) … 10本
A だし汁 … 2カップ
　　酒 … 大さじ2
みそ … 大さじ1〜1½
バター … 10g

[作り方]

1 鍋に**A**、鮭、じゃがいもを入れて火にかけ、煮立ったらアクをとり、ふたをしないで弱火で10分煮、いんげんを加えて中火で2〜3分煮る。

2 みそを溶き入れ、煮立つ直前に火を止め、器に盛ってバターをのせる。

大根葉の当座煮おにぎり

[材料] 2人分／4個

大根の葉 (小口切り) … 1カップ (80g)
A | しょうゆ、みりん、水 … 各小さじ2
ごま油 … 小さじ1
ごはん (温かいもの) … 茶碗4杯分 (500g)

[作り方]

1 フライパンにごま油を熱し、大根の葉を中火で炒め、油が回ったら**A**を加えて汁けがなくなるまで炒める。

2 ボウルにごはん、**1**を入れてさっくり混ぜ、4等分し、塩水 (p6) を手につけて三角ににぎる。

さつま汁

[材料] 2人分

鶏もも肉 (皮つき・3cm角に切る) … 小1枚 (250g)
さつまいも (皮ごと1.5cm幅の輪切りにし、水にさらす)
　… ½本 (100g)
生しいたけ (軸ごと縦4等分に切る) … 4枚
A | だし汁 … 2カップ
　　| 酒 … 大さじ1
みそ … 大さじ1〜1½

[作り方]

1 鍋に**A**、鶏肉、さつまいもを入れて火にかけ、煮立ったらアクをとり、ふたをして弱火で10分煮、しいたけを加えて中火で1〜2分煮る。

2 みそを溶き入れ、煮立つ直前に火を止める。

パセリチーズおにぎり

［材料］2人分／4個

パセリ（みじん切り）… ½カップ（15g）
プロセスチーズ（5mm角に切る）… 60g
バター … 10g
しょうゆ … 小さじ2
ごはん（温かいもの）… 茶碗4杯分（500g）

［作り方］

1 ボウルに材料をすべて入れてさっくり混ぜ、4等分し、塩水（p6）を手につけて三角ににぎる。

ブロッコリーのミルクみそ汁

［材料］2人分

A｜ ベーコン（細切り）… 3枚
　｜ ブロッコリー（小房に分ける）… ⅓株（120g）
　｜ マッシュルーム（縦半分に切る）… 1パック（100g）
牛乳 … 2カップ
みそ … 大さじ1〜1½
黒こしょう … 少々

［作り方］

1 鍋に牛乳、Aを入れて火にかけ、煮立ったらふたをしないで弱火で4〜5分煮る。

2 みそを溶き入れ、器に盛って黒こしょうをふる。

しば漬けしらすおにぎり + いわしのつみれみそ汁

ごはんがすすむしば漬け&しらすのおにぎりに、いわしのつみれ汁を合わせた、
ビタミンD強化のセット。カルシウムを補充して骨や歯を丈夫にしつつ、
免疫力もアップ。しめじの豊富な食物繊維で、お腹の調子も整えます。

しば漬けしらすおにぎり

いわしのつみれみそ汁

[材料] 2人分／4個

しば漬け（粗みじん切り）… ¼ カップ（40g）
しらす … 大さじ2
ごはん（温かいもの）… 茶碗4杯分（500g）

[作り方]

1 ボウルに材料をすべて入れてさっくり混ぜ、4等分し、塩水（p6）を手につけて三角ににぎる。

[材料] 2人分

いわし（三枚おろし）… 3尾分（200g）
A しょうが（すりおろす）、みそ、酒
　　　… 各小さじ1
　　小麦粉 … 大さじ2
しめじ（ほぐす）… 1パック（100g）
長ねぎ（半量は斜め薄切りにし、残りはせん切り）
　　… ⅓本
B 水 … 2カップ
　　酒 … 大さじ2
　　昆布 … 5cm角1枚
みそ … 大さじ1〜1½

[作り方]

1 いわしは3cm幅に切り、包丁でたたいてなめらかにし、**A**を混ぜる（フードプロセッサーやすり鉢でつぶしてもいい）。

2 鍋に**B**を入れて火にかけ、煮立ったら**1**をひと口大にまとめて加え、アクをとり、浮いてきたらしめじ、斜め薄切りの長ねぎを加え、ふたをしないで中火で2〜3分煮る。

3 みそを溶き入れ、煮立つ直前に火を止め、器に盛ってせん切りの長ねぎをのせる。

たたいたいわしは、親指と人さし指の間から押し出し、ひと口大にまとめて鍋へ。これで手間なく、ふんわりと仕上がる。

野沢菜巻きおにぎり＋さば缶とたけのこのみそ汁

β-カロテンのほか、実は良質な食物繊維も多く含む野沢菜のおにぎりに、
たけのこ入りのみそ汁を合わせた、腸内環境が整う組み合わせです。
DHA、EPA、ビタミンD豊富なさば缶は、栄養価の高い汁ごと使って。しょうがで温活も。

野沢菜巻きおにぎり

[材料] 2人分／4個

野沢菜漬けの葉 … 4枚
A 野沢菜漬けの茎 (みじん切り)
　　… 1/3カップ (40g)
　　金いりごま (または白いりごま)
　　… 大さじ1
ごはん (温かいもの)
　　… 茶碗軽く4杯分 (360g)

[作り方]

1 ボウルにごはん、**A**を入れてさっ
くり混ぜ、4等分し、塩水 (p6)
を手につけてたわら形ににぎり、
野沢菜漬けの葉で包む。

野沢菜漬けの葉は広げて置き、
野沢菜漬けの茎を混ぜたおにぎ
りをまん中にのせ、手前、左右、
向こうの順に包む。

さば缶とたけのこのみそ汁

[材料] 2人分

さば水煮缶 … 1缶 (180g)
ゆでたけのこ (ひと口大の斜め切り)
　　… 細いもの4本 (100g)
しょうが (すりおろす) … 大さじ1/2
長ねぎ (粗みじん切り) … 1/4本
水 … 2カップ
みそ … 大さじ1〜1 1/2

[作り方]

1 鍋にさば缶 (汁ごと)、たけのこ、しょうが、
水を入れて火にかけ、煮立ったらふたをし
ないで中火で2〜3分煮る。

2 みそを溶き入れ、煮立つ直前に火を止め、
長ねぎを加える。

焼きおにぎりいろいろ

大豆しょうゆ おにぎり

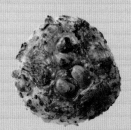

[材料] 2人分／4個

A｜ゆで大豆（粗くつぶす）…120g
　｜ごはん（温かいもの）
　｜　…茶碗軽く4杯分（400g）
しょうゆ…小さじ2

[作り方]

1 Aは混ぜて4等分し、塩水（p6）をつけて三角ににぎる。温めたオーブントースターで、しょうゆを2〜3回塗りながら15分焼く。

キムチチーズ おにぎり

[材料] 2人分／4個

A｜白菜キムチ（みじん切り）…⅓カップ（70g）
　｜金いりごま（または白いりごま）…小さじ2
　｜ごま油…小さじ1
　｜ごはん（温かいもの）…茶碗軽く4杯分（400g）
スライスチーズ（斜め半分に切る）…2枚

[作り方]

1 Aは混ぜて4等分し、塩水（p6）をつけて三角ににぎる。温めたオーブントースターで10分焼き、チーズをのせて2〜3分焼く。

ごまみそ おにぎり

[材料] 2人分／4個

A｜削り節…2袋（4g）
　｜ごはん（温かいもの）…茶碗軽く4杯分（400g）
B｜白すりごま…大さじ2
　｜みそ…大さじ1
　｜みりん…大さじ½
　｜しょうが（すりおろす）…小さじ1

[作り方]

1 Aは混ぜて4等分し、塩水（p6）をつけて三角ににぎる。温めたオーブントースターで5分焼き、混ぜたBを上面に塗って10分焼く。

高菜巻きじゃこ おにぎり

[材料] 2人分／4個

高菜漬けの葉…4枚
A｜高菜漬けの茎（みじん切り）…大さじ2（30g）
　｜ちりめんじゃこ…大さじ2
　｜金いりごま（または白いりごま）…大さじ1
　｜ごはん（温かいもの）…茶碗軽く4杯分（400g）

[作り方]

1 Aは混ぜて4等分し、塩水（p6）をつけて三角ににぎり、高菜の葉で包む。温めたオーブントースターで15分焼く。

3

からだ整え
お腹すっきり おにぎりとみそ汁

お腹の調子を整える食物繊維の中でも、腸内の悪いものをからめとり、
善玉菌を増やして腸内環境を改善してくれる「水溶性食物繊維」が特に大切。
これにキムチや納豆などの発酵食品を合わせた、最強の腸活献立です。
昆布やわかめなどの海藻のほか、オクラ、山いも等のねばねば野菜にも注目です。

大豆昆布おにぎり＋長いもとほうれんそうのみそ汁

じゃこと刻み昆布の炊き込みごはんは、大豆入りで食物繊維とカルシウムが豊富。
まとめて作って冷凍し、焼きおにぎりにするのもおすすめです。みそ汁の長いもは、
食物繊維とレジスタントスターチ（難消化性でんぷん）が腸内環境を整えます。

⇒作り方は62ページ

切り干し大根おにぎり+かぼちゃとすりごまのみそ汁

切り干し大根はかために戻し、食感を楽しみつつ、量が食べられるように。
β-カロテン、ビタミンEを多く含み、強い抗酸化作用を持つかぼちゃ、
吸収のいいすりごまと合わせて、食物繊維どっさりの組み合わせです。

⇒作り方は63ページ

キムチツナおにぎり＋豚肉とモロヘイヤのみそ汁

発酵食品のキムチとツナマヨが好相性のおにぎりに、しょうがを加えて、
からだ温め効果もプラス。β-カロテン、ビタミンC・E、水溶性食物繊維が豊富な
野菜の王様・モロヘイヤは、汁に溶け出した栄養分も残さずいただきます。

⇒作り方は64ページ

高菜漬けおにぎり＋油揚げとたけのこのみそ汁

β-カロテンのほか、実は食物繊維を多く含む高菜。細かく刻んでおにぎりに入れると、
食感もよく、食物繊維もしっかりとれます。みそ汁はたけのこで不溶性食物繊維を、
油揚げの大豆イソフラボンで、肌や髪をつややかにキープします。

⇒作り方は 65 ページ

じゃこひじきおにぎり＋鶏ひきとしらたきのみそ汁

おにぎりのひじきにはしょうゆをからめ、ごはんがすすむ味わいに。
しらたきの不溶性食物繊維と合わせて、便秘を解消、腸内環境を整えます。
水溶性食物繊維に富んだもち麦入りごはんで、さらにお腹はすっきり。

⇒作り方は 66 ページ

ドライトマトおにぎり＋鶏肉とキャベツのトマトみそ汁

発酵食品のチーズに、きのこで食物繊維も強化した洋風セットです。
おにぎりにはドライトマト、みそ汁にはトマトジュースを加え、
ダブルのリコピンの働きで抗酸化作用を発揮、さびないからだを作ります。

⇒作り方は 67 ページ

大豆昆布おにぎり

[材料] 作りやすい分量／8個分

A ゆで大豆 … 150g
　ちりめんじゃこ … ½カップ (30g)
　刻み昆布 (乾燥・さっと洗い、3カップの水に
　　10分つけて戻し、キッチンばさみで3cm幅に切る)
　　… ⅓カップ (10g)
米 … 2合
B 刻み昆布の戻し汁、水 … 各1カップ
　酒 … 大さじ2

[作り方]

1 米は洗ってざるに上げ、炊飯器に入れて
　Bを加えて30分おき、**A**をのせて普通
　に炊く。

2 さっくり混ぜて8等分し、塩水 (p6)を
　手につけて三角ににぎる。

昆布を細く切った刻み昆
布は、食物繊維が豊富。
水につけて戻し、みそ汁、
炒めもの、煮ものなどに。
だしが出たおいしい戻し
汁も、ぜひ使って。

長いもとほうれんそうのみそ汁

[材料] 2人分

長いも (すりおろす) … 6cm (100g)
ほうれんそう (さっとゆで、水にとって3cm幅に切る)
　… 小1束 (150g)
だし汁 … 2カップ
みそ … 大さじ1〜1½

[作り方]

1 鍋にだし汁を入れて火にかけ、煮立った
　らほうれんそうを加えて中火にし、再び
　煮立ったらみそを溶き入れ、長いもを加
　えて煮立つ直前に火を止める。

切り干し大根おにぎり

[材料] 2人分／4個

切り干し大根 (もみ洗いし、水けをきって2cm幅に切る) … 20g

A │ しょうゆ、砂糖 … 各小さじ1
　　│ 削り節 … 1袋 (2g)

ごま油 … 小さじ1

万能ねぎ (小口切り) … 2本

ごはん (温かいもの) … 茶碗軽く4杯分 (400g)

[作り方]

1 フライパンにごま油を熱し、切り干し大根を中火で炒め、油が回ったら **A** を加えて汁けがなくなるまで炒める。

2 ボウルにごはん、**1**、万能ねぎを入れてさっくり混ぜ、4等分し、塩水 (p6) を手につけて三角ににぎる。

かぼちゃとすりごまのみそ汁

[材料] 2人分

かぼちゃ (1cm幅のひと口大に切る)
　　… 1/10 個 (160g)

白すりごま … 大さじ3

だし汁 … 2カップ

みそ … 大さじ1〜1½

[作り方]

1 鍋にだし汁、かぼちゃを入れて火にかけ、煮立ったらふたをして中火で3〜4分煮る。

2 みそを溶き入れ、すりごまを加え、煮立つ直前に火を止める。

キムチツナおにぎり

[材料] 2人分／4個

白菜キムチ (粗みじん切り) … ⅓カップ (70g)

ツナ缶 (汁けをきる) … 小1缶 (70g)

しょうが (すりおろす)、マヨネーズ … 各小さじ1

ごはん (温かいもの) … 茶碗軽く4杯分 (400g)

[作り方]

1 ボウルに材料をすべて入れてさっくり混ぜ、4等分し、塩水 (p6) を手につけて三角ににぎる。

豚肉とモロヘイヤのみそ汁

[材料] 2人分

豚薄切り肉 (2cm幅に切る) … 8枚 (150g)

モロヘイヤ (葉を摘み、ざく切り) … 1袋 (100g)

だし汁 … 2カップ

みそ … 大さじ1〜1½

[作り方]

1 鍋にだし汁、豚肉をほぐして入れて火にかけ、煮立ったらアクをとり、中火にしてみそを溶き入れ、モロヘイヤを加えて煮立つ直前に火を止める。

高菜漬けおにぎり

[材料] 2人分／4個

A｜高菜漬け (みじん切り) … ⅓ カップ (70g)
　｜金いりごま (または白いりごま) … 大さじ1
　｜粗びき粉唐辛子 … 小さじ1＊
ごま油 … 小さじ1
発芽玄米入りごはん (温かいもの)＊＊
　… 茶碗軽く4杯分 (400g)

＊または一味唐辛子少々
＊＊白米と発芽玄米を1：1で混ぜ、水を2割増しにして炊いたもの

[作り方]

1 フライパンにごま油を熱し、**A**を中火で油が回るまで炒める。

2 ボウルにごはん、**1**を入れてさっくり混ぜ、4等分し、塩水 (p6) を手につけて三角ににぎる。

油揚げとたけのこのみそ汁

[材料] 2人分

油揚げ (熱湯をかけ、横半分に切って5mm幅に切る) … 1枚
ゆでたけのこ (3〜4cm大の薄切り) … 小1本 (150g)
だし汁 … 2カップ
みそ … 大さじ1〜1½
万能ねぎ (小口切り) … 2本

[作り方]

1 鍋にだし汁、油揚げ、たけのこを入れて火にかけ、煮立ったらふたをして中火で3〜4分煮る。

2 みそを溶き入れ、煮立つ直前に火を止め、器に盛って万能ねぎをのせる。

じゃこひじきおにぎり

[材料] 2人分／4個

ちりめんじゃこ … 大さじ3

│ 芽ひじき (乾燥・水につけて戻す) … 大さじ1
│ しょうゆ … 小さじ1

青じそ (せん切り) … 5枚

もち麦入りごはん (温かいもの) *

　… 茶碗軽く4杯分 (400g)

*白米ともち麦を1：1で混ぜ、水を2割増しにして炊いたもの

[作り方]

1 ひじきは熱湯で2〜3分ゆでてざるに上げ、しょうゆをからめる。

2 ボウルに汁けを絞った**1**、残りの材料を入れてさっくり混ぜ、4等分し、塩水 (p6) を手につけて三角ににぎる。

鶏ひきとしらたきのみそ汁

[材料] 2人分

A │ 鶏ひき肉 … 100g
│ しょうが (すりおろす) … 小さじ1
│ 酒 … 大さじ1

B │ 結びしらたき (またはしらたき) … 100g
│ にんじん (皮ごと細切り) … 1/3本

水 … 2カップ

みそ … 大さじ1〜1½

[作り方]

1 鍋に**A**を入れてよく混ぜ、中火にかけてパラパラになるまで炒め、水を加えて煮立ったらアクをとり、**B**を加えてふたをして5〜6分煮る。

2 みそを溶き入れ、煮立つ直前に火を止める。

ドライトマトおにぎり

[材料] 2人分／4個

ドライトマト（かぶるくらいの熱湯に10分つけて戻し、
　水けを絞って細切り）… 6枚（18g）
カマンベールチーズ（1.5cm角に切る）… ½個（50g）
ごはん（温かいもの）… 茶碗軽く4杯分（400g）

[作り方]

1 ボウルに材料をすべて入れてさっくり混ぜ、
　4等分し、塩水（p6）を手につけて三角に
　にぎる。

鶏肉とキャベツのトマトみそ汁

[材料] 2人分

A ｜ 鶏むね肉（皮を除き、2cm角に切る）
　　｜　… 小½枚（100g）
　　｜ キャベツ（3cm角に切る）… 2枚
　　｜ マッシュルーム（縦に薄切り）… 1パック（100g）
　　｜ トマトジュース（食塩無添加のもの）… 2カップ
みそ … 大さじ1〜1½
黒こしょう … 少々

[作り方]

1 鍋に**A**を入れて火にかけ、煮立ったらアク
　をとり、ふたをして弱火で10分煮る。

2 みそを溶き入れ、煮立つ直前に火を止め、
　器に盛って黒こしょうをふる。

梅わかめ粉山椒おにぎり＋しめじと落とし卵のみそ汁

わかめのおにぎり＆水溶性食物繊維を多量に含むエシャレット入りみそ汁で、
最強の腸活コンビです。みそ汁には卵を落として、栄養バランスをアップ。
ほのかな甘みが魅力の塩麹の漬けもので、発酵食品もしっかりとれます。

⇒作り方は 72 ページ

かぶの
塩麹漬け

たらこ納豆昆布おにぎり＋豆腐とオクラのみそ汁

納豆のように粘る細切り昆布をたらこに混ぜたおにぎりで、腸内をきれいに。
みそ汁のオクラは、薄めの小口切りでぬめり＝水溶性食物繊維を十分に出し、
加熱しすぎないことで、その働きを腸までしっかり届けます。

⇒作り方は 73 ページ

あおさおにぎり＋キムチとさつまいもの納豆汁

おにぎりには水溶性食物繊維が多いあおさをどっさり加え、お通じをスムーズに。
発酵食品のキムチと納豆入りのみそ汁で、腸内環境を健康に保ちます。
ピリ辛キムチとさつまいもの甘みが絶妙な汁は、あとを引くおいしさです。

⇒作り方は74ページ

春菊ナムルおにぎり＋高野豆腐としいたけのみそ汁

β-カロテンほかビタミン豊富な春菊は、ゆでたあと水にとらずに栄養の流出を防いで。
ごま油でナムルにするとたっぷり食べられ、もち麦入りごはんでさらに腸を元気に。
みそ汁には高たんぱく＆カルシウムの高野豆腐と、しいたけで食物繊維を補います。

⇒作り方は 75 ページ

梅わかめ粉山椒おにぎり

[材料] 2人分／4個

梅干し（種を除き、大きめにちぎる）… 1個

カットわかめ（乾燥・水につけて戻し、
　水けを絞って粗く刻む）… 大さじ3

粉山椒 … ふたつまみ

ごはん（温かいもの）
　… 茶碗軽く4杯分（400g）

[作り方]

1 ボウルに材料をすべて入れてさっくり混ぜ、4等分し、塩水（p6）を手につけて三角ににぎる。

しめじと落とし卵のみそ汁

[材料] 2人分

しめじ（ほぐす）… 1パック（100g）

エシャレット（小口切り）… 6本（40g）

卵 … 2個

だし汁 … 2カップ

みそ … 大さじ1〜1½

[作り方]

1 鍋にだし汁、しめじを入れて火にかけ、煮立ったらエシャレットを加えてみそを溶き、卵を割り入れ、ふたをして弱火で2〜3分煮る。

かぶの塩麹漬け

[材料] 2人分

かぶ（皮ごと5mm幅の半月切り）
　… 2個（160g）

かぶの葉（小口切り）… ½カップ（40g）

塩麹 … 小さじ2

[作り方]

1 材料をすべてよく混ぜ、15分以上おく。

たらこ納豆昆布おにぎり

[材料] 2人分／4個

たらこ (薄皮ごとちぎる) … ½ 腹 (1本・40g)

A ┃ 納豆昆布 … 3つまみ (6g)
　┃ 水 … 大さじ1

もち麦入りごはん (温かいもの)＊
　… 茶碗軽く4杯分 (400g)

焼きのり (縦4等分に切る) … 全形1枚

＊白米ともち麦を1：1で混ぜ、水を2割増しにして炊いたもの

[作り方]

1 Aは合わせて3分おき、たらこを加えて混ぜる。

2 ごはんを4等分し、**1**を¼量ずつ包み (上にのせる分を少し残す)、塩水 (p6) を手につけて三角ににぎり、のりを巻く。残りの**1**をのせる。

粘りの強いがごめ昆布、真昆布を細切りにした納豆昆布は、納豆のような粘りけが特徴。水で戻し、ごはんやうどん、豆腐にかけて食べても美味。

豆腐とオクラのみそ汁

[材料] 2人分

絹ごし豆腐 (1cm角に切る) … ½ 丁 (150g)
オクラ (ガクをむき、薄い小口切り) … 10本
だし汁 … 2カップ
みそ … 大さじ1〜1½

[作り方]

1 鍋にだし汁、豆腐を入れて火にかけ、煮立ったらふたをして中火で1〜2分煮る。

2 みそを溶き入れ、オクラを加え、煮立つ直前に火を止める。

あおさおにぎり

[材料] 2人分／4個

A あおさ (乾燥・手で細かくする) … ½ カップ (10g)
しょうゆ … 小さじ1

発芽玄米入りごはん (温かいもの) *
　… 茶碗軽く4杯分 (400g)

＊白米と発芽玄米を1：1で混ぜ、水を2割増しにして炊いたもの

[作り方]

1 ボウルに**A**を入れて混ぜ、ごはんを加えて
さっくり混ぜ、4等分し、塩水 (p6) を手に
つけて三角ににぎる。

キムチとさつまいもの納豆汁

[材料] 2人分

納豆 … 1パック (40g)
白菜キムチ (ざく切り) … ½ カップ (100g)
さつまいも (皮ごと1cm幅の輪切りにし、水にさらす)
　… ½ 本 (100g)
だし汁 … 2カップ
みそ … 大さじ1 〜 1½

[作り方]

1 鍋にだし汁、さつまいもを入れて火にかけ、
煮立ったらふたをして中火で6〜7分煮る。

2 キムチを加え、みそを溶き入れ、煮立つ直前
に火を止める。器に盛り、納豆をのせる。

春菊ナムルおにぎり

[材料] 2人分／4個

春菊 … 1束 (200g)
A ｜ 塩 … ふたつまみ
｜ ごま油 … 小さじ1
もち麦入りごはん (温かいもの) *
　… 茶碗軽く4杯分 (400g)
*白米ともち麦を1:1で混ぜ、水を2割増しにして炊いたもの

[作り方]

1 春菊は熱湯でさっとゆで、粗熱がとれたらみじん切りにして水けを絞り、**A**を混ぜる。

2 ボウルにごはん、**1**を入れてさっくり混ぜ、4等分し、塩水 (p6) を手につけて三角ににぎる。

高野豆腐としいたけのみそ汁

[材料] 2人分

高野豆腐 (袋の表示通りに戻し、
　横半分に切って5mm幅に切る) … 2枚 (33g)
生しいたけ (軸ごと縦に薄切り) … 4枚
だし汁 … 2カップ
みそ … 大さじ1〜1½
七味唐辛子 … 少々

[作り方]

1 鍋にだし汁、高野豆腐、しいたけを入れて火にかけ、煮立ったらふたをして弱火で10分煮る。

2 みそを溶き入れ、煮立つ直前に火を止め、器に盛って七味をふる。

小えびかんぴょうおにぎり＋牛肉とごぼうのみそ汁

食物繊維の宝庫のかんぴょうは、電子レンジ加熱で手軽に甘辛煮に。
かんぴょうは食感が残るように戻し、おにぎりやみそ汁に加えるのがおすすめです。
みそ汁は牛肉で食べごたえを出し、ごぼうの水溶性＆不溶性食物繊維で腸を整えます。

小えびかんぴょうおにぎり

[材料] 2人分／4個

小えび（乾燥）… 大さじ4

A かんぴょう（乾燥・もみ洗いして10分おき、
キッチンばさみで1cm幅に切る）… 20g

しょうゆ、砂糖 … 各小さじ1

水 … 大さじ3

もち麦入りごはん（温かいもの）*
… 茶碗軽く4杯分（400g）

*白米ともち麦を1：1で混ぜ、水を2割増しにして炊いたもの

[作り方]

1 耐熱容器に**A**を入れ、ラップをかけて電子レンジで3分加熱して混ぜる。

2 ボウルに**1**、残りの材料を入れてさっくり混ぜ、4等分し、塩水（p6）を手につけて三角ににぎる。

かんぴょうは、電子レンジで加熱して手軽に甘辛煮に。少しかために仕上げることで、コリッとした食感がアクセントになる。

牛肉とごぼうのみそ汁

[材料] 2人分

牛切り落とし肉（4cm幅に切る）… 100g

ごぼう（皮ごと縦半分に切り、斜め薄切り）
… ½本（75g）

長ねぎ（斜め薄切り）… ⅓本

だし汁 … 2カップ

みそ … 大さじ1〜1½

[作り方]

1 鍋にだし汁、ごぼうを入れて火にかけ、煮立ったら牛肉を加えてほぐし、再び煮立ったらアクをとり、ふたをして中火で4〜5分煮る。

2 みそを溶き入れ、長ねぎを加え、煮立つ直前に火を止める。

きくらげじゃこおにぎり＋鶏ひきと里いもの豆乳汁

きくらげのビタミンＤで、じゃこのカルシウム吸収をさらによく。
豆乳＆白みその白いみそ汁には、里いもと糸寒天で水溶性食物繊維をプラス、
腸の動きを活発にします。箸休めの水菜で、β-カロテンもとれます。

水菜の
野沢菜漬け風

きくらげじゃこおにぎり

[材料] 2人分／4個

きくらげ（乾燥・水で戻し、さっとゆでて細切り）
　… 大さじ2（10g）
ちりめんじゃこ … 大さじ3
ごはん（温かいもの）… 茶碗軽く4杯分（400g）

[作り方]

1 ボウルに材料をすべて入れてさっくり混ぜ、4等分し、塩水（p6）を手につけて三角ににぎる。

寒天を細くした糸寒天は、食物繊維が豊富で低カロリー。そのままスープに加えたり、水で戻してサラダやあえものに。火にかけると溶けるので注意。

鶏ひきと里いもの豆乳汁

[材料] 2人分

A｜鶏ひき肉 … 150g
　｜しょうが（すりおろす）… 小さじ1
　｜酒 … 大さじ1
里いも（1cm幅の半月切り）… 4個（200g）
水、豆乳（成分無調整のもの）… 各1カップ
白みそ … 大さじ1½
糸寒天 … ふたつまみ

[作り方]

1 鍋にAを入れてよく混ぜ、中火にかけてパラパラになるまで炒め、水を加えて煮立ったらアクをとり、里いもを加えてふたをして7〜8分煮る。

2 豆乳を加え、みそを溶き入れ、煮立つ直前に火を止める。器に盛り、糸寒天をのせる。

水菜の野沢菜漬け風

[材料] 2人分

水菜（4cm幅に切る）… 1束（200g）
赤唐辛子 … 1本
だし汁 … 1カップ
塩 … 大さじ1
砂糖 … 小さじ1

[作り方]

1 ポリ袋に材料をすべて入れて混ぜ、空気を抜いて口を結び、冷蔵室で5〜6時間以上おく。

季節おにぎりとみそ汁 春 夏

えびととうがんのみそ汁
とうがんのカリウムで熱中症予防も。

菜の花しらすおにぎり
菜の花の豊富なビタミンＣで、
美肌＆免疫力がアップ。

ほたて新しょうがおにぎり
新しょうがのさわやかさに、
ほたてで疲労回復効果あり。

枝豆ととうもろこしおにぎり
食物繊維、ビタミンＣ、たんぱく質が豊富。

菜の花しらす
おにぎり

[材料] 2人分／4個

菜の花…½束（100g）

しらす…大さじ4

ごはん（温かいもの）
　　…茶碗軽く4杯分（400g）

[作り方]

1 菜の花は塩少々（分量外）を加えた熱湯でさっとゆで、ざるに上げて水けを絞り、花先2cmを切り分け、茎は小口切りにする。残りの材料と混ぜて4等分し、塩水（p6）を手につけて三角ににぎる。

ほたて新しょうが
おにぎり

[材料] 2人分／4個

A｜ ほたて貝柱
　　　（塩、こしょう各少々をふる）
　　　…4個（70g）
　　 新しょうが（皮ごとせん切り）
　　　…2かけ（20g）

サラダ油…小さじ1

キャベツ（1.5cm角に切り、さっと塩ゆでして水けを絞る）…1枚

ごはん（温かいもの）
　　…茶碗軽く4杯分（400g）

[作り方]

1 フライパンにサラダ油を熱し、Aを中火で薄く焼き色がつくまで3〜4分焼き、粗くほぐす。キャベツ、ごはんと混ぜて4等分し、塩水（p6）を手につけて三角ににぎる。

枝豆とうもろこし
おにぎり

[材料] 作りやすい分量／10個分

A｜ 枝豆（ゆでてさやから出したもの）
　　　…1カップ（90g）
　　 とうもろこし（長さを半分に切り、実を削ぐ）…1本（正味100g）

B｜ 米…1½合
　　 もち米（あれば）…½合

C｜ 水…2カップ
　　 酒…大さじ2
　　 昆布…5cm角1枚

塩…小さじ½

[作り方]

1 炊飯器に洗ったB、Cを入れて30〜60分おき、塩を混ぜてA（とうもろこしは芯も）をのせて普通に炊く。さっくり混ぜて10等分し、塩水（p6）を手につけて三角ににぎる。

えびととうがんの
みそ汁

[材料] 2人分

殻つきえび（殻、背ワタ、尾を除き、粗く刻んで酒小さじ1をふる）
　　…10尾（200g）

A｜ とうがん（ワタと皮を除き、半量はすりおろし、残りは小さめのひと口大に切る）
　　　…大⅛個（300g）
　　 だし汁…2カップ

みそ…大さじ1〜1½

[作り方]

1 鍋にAを入れて火にかけ、煮立ったらふたをして中火で2〜3分煮、えびを加えて再び煮立ったらアクをとり、ふたをしないで1〜2分煮る。みそを溶き、煮立つ直前に火を止める。

季節おにぎりとみそ汁 秋 冬

きのこおにぎり

食物繊維がたっぷりで、
免疫力を強化します。

豚肉とかぶのみそ汁

かぶは葉ごと使って、抗酸化作用を高めます。

栗あずきおこわおにぎり

栄養豊富なあずきのゆで汁には、
ダイエット効果も。

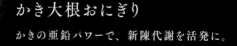

かき大根おにぎり

かきの亜鉛パワーで、新陳代謝を活発に。

きのこおにぎり

[材料] 2人分／4個

しめじ、まいたけ（ともにほぐす）
　…各½パック（50g）

A｜酒…小さじ1
　｜塩…少々

B｜しょうゆ、すだちの絞り汁
　｜（またはレモン汁）
　｜…各小さじ½

ごはん（温かいもの）
　…茶碗軽く4杯分（400g）

すだち（あれば）…薄切り4枚

[作り方]

1 アルミホイルにきのこをのせ、Aをふって包み、温めたオーブントースターで7〜8分焼き、Bを混ぜる。ごはんに混ぜて4等分し、塩水（p6）を手につけて三角ににぎり、すだちをのせる。

栗あずきおこわおにぎり

[材料] 作りやすい分量／12個分

栗の甘露煮…12個
あずき…100g

A｜もち米…1½合
　｜米…½合

B｜塩、みりん…各小さじ½

[作り方]

1 鍋にあずき、水4カップを入れて火にかけ、煮立ったら常に豆に水がかぶっているように足しながら、ふたをしないで中火でやわらかく30〜40分ゆで、ざるに上げる（ゆで汁はとっておく）。

2 炊飯器に洗ったA、1のゆで汁360ml（足りなければ水を足す）を入れて60分おき、Bを混ぜて普通に炊く。1のあずき、栗を混ぜ、12等分し、塩水（p6）を手につけて三角ににぎる。

かき大根おにぎり

[材料] 作りやすい分量／12個分

かき（加熱用・塩水で洗い、
　水でさっと流してざるに上げる）…300g

A｜しょうがの絞り汁、酒…各大さじ2
　｜しょうゆ…大さじ1½
　｜みりん…小さじ2
　｜砂糖…小さじ1
　｜しょうが（みじん切り）…1かけ

大根（1cm角に切る）…5cm

米…2合

B｜水…2カップ
　｜昆布…5cm角1枚

[作り方]

1 炊飯器に洗った米、Bを入れて30分おき、大根をのせて普通に炊く。

2 鍋にAを煮立たせ、かきを入れて中火で3〜4分煮て取り出し、煮汁をとろりと煮詰め、かきを戻してさっとからめる。1に混ぜて12等分し、塩水（p6）を手につけて三角ににぎる。

豚肉とかぶのみそ汁

[材料] 2人分

豚薄切り肉（3cm幅に切る）
　…8枚（150g）

かぶ（皮ごと6等分のくし形切り）
　…2個（160g）

かぶの葉（小口切り）
　…1カップ（80g）

だし汁…2カップ

みそ…大さじ1〜1½

ごま油…小さじ1

[作り方]

1 鍋にごま油を熱し、豚肉を強火でこんがり焼き、だし汁、かぶを加えて煮立ったらアクをとり、ふたをして中火で2〜3分煮る。かぶの葉を加え、みそを溶き、煮立つ直前に火を止める。

おにぎりに混ぜておいしい 作りおき

＊すべて日持ちは冷蔵室で3〜4日、
冷凍室で約1か月

鮭しそごま

［材料］4人分／おにぎり8個

甘塩鮭の切り身…2枚（200g）
A｜青じそ（5mm角に切る）…10枚
　｜金いりごま（または白いりごま）…大さじ3

［作り方］

1 鮭は酒小さじ2（分量外）をふって魚焼きグリルでこんがり4〜5分焼き、皮と骨を除いて大きめにほぐし、Aを混ぜる。

カリカリ油揚げ小松菜

［材料］4人分／おにぎり8個

油揚げ（7〜8mm角に切る）…1枚
小松菜（さっと洗い、水がついたままみじん切り）
　…小1束（200g）
A｜酒…大さじ1
　｜しょうゆ…小さじ1
　｜塩…小さじ½

［作り方］

1 フライパンを何もひかずに熱し、油揚げを強めの中火でカリッと焼き、取り出す。続けて小松菜を入れ、ふたをして中火で2〜3分蒸し煮にし、Aを加えて汁けがなくなるまで炒め、油揚げを混ぜる。

ベーコンかぶの葉

［材料］4人分／おにぎり8個

ベーコン（細切り）…4枚
かぶの葉（みじん切り）…2カップ
A｜塩…小さじ½　　こしょう…少々
サラダ油…小さじ1

［作り方］

1 フライパンにサラダ油を熱し、ベーコンを中火で炒め、薄く焼き色がついたらかぶの葉を加えて汁けがなくなるまで炒め、Aをふる。

ツナカレー

［材料］4人分／おにぎり8個

ツナ缶（オイル漬け）…小2缶（140g）
セロリ（みじん切り）…1本
玉ねぎ（みじん切り）…¼個
しょうが（すりおろす）…小さじ1
カレー粉、ケチャップ…各大さじ2
ウスターソース…大さじ1

［作り方］

1 フライパンに材料（ツナはオイルごと）をすべて入れて中火にかけ、汁けがなくなるまで炒める。

4

からだ整え
つまみ おにぎりとみそ汁

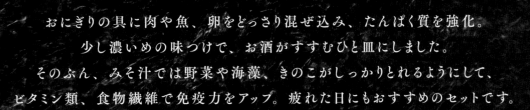

おにぎりの具に肉や魚、卵をどっさり混ぜ込み、たんぱく質を強化。
少し濃いめの味つけで、お酒がすすむひと皿にしました。
そのぶん、みそ汁では野菜や海藻、きのこがしっかりとれるようにして、
ビタミン類、食物繊維で免疫力をアップ。疲れた日にもおすすめのセットです。

チャーシューおにぎり＋まいたけとわけぎのみそ汁

甘辛味のチャーシューがごろごろ入ったおにぎりは、ボリューム満点。
みそ汁のわけぎと合わせ、豚肉のビタミンB_1の吸収率を高めて疲労を回復。
まいたけのβ-グルカンが溶け出したみそ汁は、免疫力を向上させる働き大です。

⇒作り方は 90 ページ

豚みそ甘唐辛子おにぎり+なめことアスパラのみそ汁

辛みが少ない甘長唐辛子と肉みそを混ぜた、おつまみ感満点のおにぎりは、
ビタミンCたっぷりで美肌効果も期待できます。辛くしたければ、青唐辛子を加えても。
みそ汁はなめこで腸活、アスパラのアスパラギン酸で、滋養強壮にも効果があります。

⇒作り方は91ページ

味玉おにぎり + あさりとあおさのみそ汁

香味野菜をどっさり入れた汁に漬けた味玉は、その薬味をごはんに混ぜ、
パンチのある味わいに。みそ汁のあさりのタウリンの働きで、
二日酔いを予防します。汁には食物繊維豊富なあおさも加え、あと味すっきりと。

⇒作り方は 92 ページ

ごぼうごはん牛肉巻きおにぎり＋パプリカのみそ汁

炒めたごぼう入りのごはんを牛肉で巻き、照り焼きにしたおにぎりは、食べごたえ抜群。
ごぼうは腸内の善玉菌を活発にするオリゴ糖を多く含み、赤身の牛もも肉の
豊富なたんぱく質で体力アップ。パプリカのβ-カロテンで、免疫力も上がります。

⇒作り方は93ページ

チャーシューおにぎり

[材料] 2人分／4個

豚肩ロース肉 (とんかつ用) … 2枚 (200g)

A オイスターソース、しょうゆ、酒 … 各大さじ½
五香粉 (あれば) … 少々
〈ウーシャンフェン〉

サラダ油 … 小さじ1

ごはん (温かいもの) … 茶碗軽く4杯分 (350g)

[作り方]

1 豚肉は**A**をもみ込んで10分おき、サラダ油を熱したフライパンで弱めの中火で両面を2分ずつこんがり焼き、余分な脂をペーパーでふき、**A**の残りをからめて冷ます。

2 ボウルにごはん、1.5cm角に切った**1** (汁ごと) を入れてさっくり混ぜ、4等分し、塩水 (p6) を手につけて丸くにぎる。

まいたけとわけぎのみそ汁

[材料] 2人分

まいたけ (ほぐす) … 1パック (100g)

わけぎ (7〜8mm幅の小口切り) … 2本*

だし汁 … 2カップ

みそ … 大さじ1〜1½

*または万能ねぎ5本

[作り方]

1 鍋にだし汁、まいたけを入れて火にかけ、煮立ったらわけぎを加えてみそを溶き、煮立つ直前に火を止める。

豚みそ甘唐辛子おにぎり

[材料] 2人分／4個

豚ひき肉 (もも) … 100g
甘長唐辛子 (またはししとう・小口切り) … 5本 (50g)
A │ みそ、酒 … 各大さじ1
　　│ みりん … 小さじ1
サラダ油 … 小さじ1
ごはん (温かいもの) … 茶碗軽く4杯分 (350g)

[作り方]

1 フライパンにサラダ油を熱し、ひき肉を中火で炒め、パラパラになったら甘長唐辛子、**A**を加えて汁けがなくなるまで2〜3分炒める。

2 ボウルにごはん、**1**を入れてさっくり混ぜ、4等分し、塩水 (p6) を手につけて三角ににぎる。

なめことアスパラのみそ汁

[材料] 2人分

なめこ … 1袋 (100g)
グリーンアスパラ (下のかたい皮をむき、3cm幅に切る)
　… 5本
だし汁 … 2カップ
みそ … 大さじ1〜1½

[作り方]

1 鍋にだし汁、アスパラを入れて火にかけ、煮立ったらふたをして中火で1〜2分煮る。

2 みそを溶き入れ、なめこを加え、煮立つ直前に火を止める。

味玉おにぎり

[材料] 2人分／4個

卵（室温に戻し、熱湯に入れて6分ゆで、
　　冷水にとって殻をむく）… 2個

A｜しょうゆ … 大さじ2
　｜砂糖、梅酒 … 各大さじ1*
　｜水 … 大さじ4

B｜長ねぎ（みじん切り）… 5cm
　｜にんにく（すりおろす）… ½かけ
　｜赤唐辛子（小口切り）… 1本
　｜金いりごま（または白いりごま）
　｜　… 小さじ2

ごはん（温かいもの）
　　… 茶碗軽く4杯分（350g）

*梅酒がなければ、酢小さじ½を足す

[作り方]

1 Aは小鍋でひと煮立ちさせ、冷
めたらB、ゆで卵とともに保存
容器に入れ、冷蔵室でひと晩〜
3日おく。

2 ボウルにごはん、**1**の薬味（汁
をこして）を入れてさっくり混
ぜ、4等分し、縦半分に切った
1の卵を1切れずつのせ、塩水
（p6）を手につけて丸くにぎる。

味玉は、香味野菜をた
っぷり加えた汁に漬け
て、パンチのある味つ
けに。卵4個で作る場
合は、ポリ袋を使えば
同量の漬け汁でOK。

あさりとあおさのみそ汁

[材料] 2人分

あさり（砂抜きしたもの・よく洗う）… 1パック（150g）*
あおさ（乾燥・さっと水にくぐらせ、水けを絞る）
　　… 大さじ3（5g）

A｜水 … 2カップ
　｜酒 … 大さじ2
　｜昆布 … 5cm角1枚

みそ … 大さじ1〜1½

*あさりの砂出しのしかたは、塩水（水1カップ＋塩小さじ1）
にあさりを入れ、冷暗所に2時間おく

[作り方]

1 鍋にA、あさりを入れて弱火にかけ、煮立った
らアクをとり、ふたをしないで中火で2〜3分
煮る。

2 みそを溶き入れ、あおさを加え、煮立つ直前に
火を止める。

ごぼうごはん牛肉巻きおにぎり

[材料] 2人分／4個

牛もも薄切り肉 … 8枚 (100g)

| ごぼう (皮ごとささがき) … ¼ 本
| 塩 … 少々
| ごま油 … 小さじ1
| ごはん (温かいもの)
| … 茶碗2杯分 (300g)

A | しょうゆ、酒 … 各小さじ2
| 砂糖、みりん … 各小さじ1

サラダ油 … 大さじ½

木の芽 (あれば) … 適量

[作り方]

1 フライパンにごま油を熱し、ごぼうを中火でしんなり炒めて塩をふり、ごはんに加えてさっくり混ぜて4等分し、塩水 (p6) を手につけてたわら形ににぎる。

2 牛肉を2枚ずつ巻きつけ、サラダ油を熱したフライパンに巻き終わりを下にして入れ、全体に薄く焼き色がつくまで中火で3〜4分焼き、**A**を加えて照りよくからめる。器に盛り、木の芽をのせる。

パプリカのみそ汁

[材料] 2人分

パプリカ (赤・3cm長さの短冊切り) … 1個

玉ねぎ (1cm幅のくし形切り) … ¼ 個

だし汁 … 2カップ

白みそ … 大さじ1½

[作り方]

1 鍋にだし汁、パプリカ、玉ねぎを入れて火にかけ、煮立ったらふたをして中火で1分煮る。

2 みそを溶き入れ、煮立つ直前に火を止める。

たこゆずこしょうおにぎり + 油揚げときくらげのみそ汁

疲労回復に役立ったこは、しょうゆとごま油で下味をつけてごはんがすすむ味わいにし、
ゆずこしょうをピリッとアクセントに。みそ汁の油揚げは大豆イソフラボンで美肌効果を、
カルシウムはきくらげのビタミンDと合わせ、吸収をよくします。

たこゆずこしょうおにぎり

[材料] 2 人分／4 個

A｜ゆでだこの足（薄い輪切り）… 1 本（100g）
　｜しょうゆ … 小さじ½
　｜ごま油 … 小さじ 1
白菜（塩ゆでし、1cm 角に切って水けを絞る）… 1 枚
ゆずこしょう … 小さじ½
ごはん（温かいもの）… 茶碗軽く 4 杯分（350g）

[作り方]

1 ボウルに A を入れて混ぜ、残りの材料を加えて
さっくり混ぜ、4 等分し、塩水（p6）を手につ
けて丸くにぎる。ゆずこしょう少々（分量外）を
のせる。

油揚げときくらげのみそ汁

[材料] 2 人分

油揚げ（熱湯をかけ、横半分に切って 5mm 幅に切る）… 1 枚
きくらげ（乾燥・水で戻し、ひと口大に切る）… 大さじ 2（10g）
だし汁 … 2 カップ
みそ … 大さじ 1 〜 1½

[作り方]

1 鍋にだし汁、油揚げ、きくらげを入れて火にか
け、煮立ったらふたをして中火で 3 〜 4 分煮る。

2 みそを溶き入れ、煮立つ直前に火を止める。

あじの干物おにぎり + なすとモロヘイヤのみそ汁

ビタミンD、DHA、EPAが多いあじの干物をほぐし、香味野菜を混ぜたおにぎりは、
食欲がない時にもおすすめ。みそ汁には栄養価が最強のモロヘイヤを加え、
β-カロテン、食物繊維、カルシウム、ビタミンC・Eを補給します。

あじの干物おにぎり

[材料] 2人分／4個

| あじの干物 … 大1枚
| 酒 … 小さじ1
青じそ (せん切り) … 5枚
みょうが (小口切り) … 1本
金いりごま (または白いりごま) … 小さじ1
ごはん (温かいもの) … 茶碗軽く4杯分 (350g)

[作り方]

1 あじは酒をふって魚焼きグリルでこんがり7〜8分焼き、皮と骨を除いて大きめにほぐす。

2 ボウルに**1**、残りの材料を入れてさっくり混ぜ、4等分し、塩水 (p6) を手につけて三角ににぎる。

なすとモロヘイヤのみそ汁

[材料] 2人分

なす (1cm幅のいちょう切り) … 1本
モロヘイヤ (葉を摘み、ざく切り) … ½袋 (50g)
だし汁 … 2カップ
みそ … 大さじ1〜1½

[作り方]

1 鍋にだし汁、なすを入れて火にかけ、煮立ったらふたをして中火で2〜3分煮る。

2 みそを溶き入れ、モロヘイヤを加え、煮立つ直前に火を止める。

おにぎりに包んでおいしい 作りおき

＊すべて日持ちは冷蔵室で3〜4日、
冷凍室で約1か月

きのこ
きんぴら

[材料] 4人分／おにぎり8個

しめじ（ほぐす）…1パック（100g）

生しいたけ（軸ごと縦に薄切り）…4枚

えのきだけ（3等分に切り、ほぐす）…1袋

削り節…2袋（4g）

しょうゆ、酒…各大さじ1

みりん…大さじ1/2

一味唐辛子…少々

[作り方]

1 フライパンに材料を入れ、ふたをして中火にかけ、フツフツしたら弱火で混ぜながら7〜8分煮、汁けがなくなるまで炒める。

ししとうの
塩昆布煮

[材料] 4人分／おにぎり8個

ししとう（ヘタを除き、1cm幅の
切り込みを入れる）…30本（150g）

塩昆布、酒…各大さじ2

水…3/4カップ

[作り方]

1 フライパンに材料を入れて火にかけ、煮立ったらふたをし、中火で時々混ぜながら汁けがなくなるまで15分煮る。

とびこと
納豆昆布

[材料] 4人分／おにぎり8個

とびこ…2パック（80g）

A 納豆昆布（p73参照）…10g

水…大さじ2

しょうが（細切り）…1かけ

金いりごま（または白いりごま）…小さじ2

[作り方]

1 ボウルに**A**を合わせて15分おき、残りの材料を加えて混ぜる。

牛肉としょうがの
しぐれ煮

[材料] 4人分／おにぎり8個

牛切り落とし肉（4cm幅に切る）…150g

A しょうが（皮ごと細切り）…1かけ

酒、水…各大さじ11/2

砂糖…大さじ1/2

酢…小さじ1/2

B しょうゆ…大さじ1

みりん、はちみつ…各大さじ1/2

[作り方]

1 フライパンに**A**を煮立たせ、牛肉を中火で混ぜながら色が変わるまで煮、取り出す。続けて**B**を中火でとろみがつくまで煮詰め、牛肉を戻して混ぜながら2〜3分煮る。

5

からだ整え
ごちそう おにぎりとみそ汁

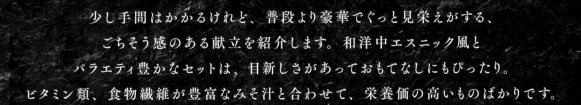

少し手間はかかるけれど、普段より豪華でぐっと見栄えがする、
ごちそう感のある献立を紹介します。和洋中エスニック風と
バラエティ豊かなセットは、目新しさがあっておもてなしにもぴったり。
ビタミン類、食物繊維が豊富なみそ汁と合わせて、栄養価の高いものばかりです。

豚の角煮おにぎり＋ちゃんぽん風みそ汁

豚バラ肉は下ゆでして脂を落とし、ヘルシーに。とろりとやわらかく煮て、
ごろっと大きなままごはんに包みます。にんじんとキャベツのビタミンＡ・Ｃに、
シーフードのうまみが生きたみそ汁は、牛乳のカルシウムで骨や歯を丈夫にします。

豚の角煮おにぎり

[材料] 2人分／4個

* 豚の角煮はおにぎり6個分

豚バラかたまり肉（2cm幅に切り、
　　　熱湯で3分ゆでて洗う）… 200g

A ┃ しょうが（皮ごと薄切り）… 1かけ
　　┃ 長ねぎの青い部分 … 1本分
　　┃ 酒 … 大さじ3

B ┃ しょうゆ、酒、みりん … 各大さじ1
　　┃ 砂糖 … 大さじ½

ごはん（温かいもの）
　　… 茶碗軽く4杯分（350g）

焼きのり（縦4等分に切る）… 全形1枚

角煮はたれを煮詰めてか
ら煮ることで、より短時
間で味がしみておいしく。
ゆで汁も加えて30分煮、
とろとろの食感に。

[作り方]

1 直径18cmの鍋に豚肉、**A**、かぶ
るくらいの水を入れ、キッチンペ
ーパーの落としぶたとふたをし
て火にかけ、煮立ったら弱火で60
分ゆで、できれば冷やして白い脂
を除く（ゆで汁はとっておく）。

2 鍋に**B**を煮立たせ、中火で1〜2
分煮詰め、**1**の豚肉を加えて3〜
4分煮、**1**のゆで汁1カップ（足
りなければ水を足す）を加えてふ
たをして30分煮る（汁けが大さじ
1〜2残るまで）。

3 ごはんを4等分し、**2**を1切れず
つ包み、塩水（p6）を手につけて
三角ににぎり、のりを巻く。

ちゃんぽん風みそ汁

[材料] 2人分

豚薄切り肉（2cm幅に切る）… 3枚（60g）

にんじん（皮ごと短冊切り）… ⅓本

キャベツ（3cm角に切る）… 2枚

A ┃ シーフードミックス … ½カップ（100g）
　　┃ 牛乳 … 2カップ

白みそ … 大さじ1½

ごま油 … 小さじ1

[作り方]

1 鍋にごま油を熱し、にんじん、豚肉、キ
ャベツの順にそのつど油が回るまで中
火で炒め、**A**を加えて煮立ったら、ふた
をしないで3〜4分煮る。

2 みそを溶き入れ、煮立つ直前に火を止
める。

ガパオおにぎり＋えびとしめじのみそ汁

ナンプラー味のそぼろを混ぜたガパオライスに、唐辛子＆レモンがきいた
アジア風のみそ汁を合わせました。緑のものよりβ-カロテン、ビタミンC・Eが
はるかに多い赤ピーマンで、体の酸化を防止。バジルでアンチエイジング効果も。

ガパオおにぎり

[材料] 2人分／4個

鶏ひき肉 … 100g
A 白ワイン（または酒）… 小さじ1
  塩、こしょう … 各少々
ピーマン、赤ピーマン（ともに1cm角に切る）
  … 各1個
玉ねぎ（みじん切り）… ⅙個
バジルの葉（小さい葉を少し取り分け、
  残りは1cm角にちぎる）… 2枝
B ナンプラー、オイスターソース、
  しょうゆ、酢、豆板醤、
  にんにく（すりおろす）
    … 各小さじ½
サラダ油 … 小さじ1
ごはん（温かいもの）… 茶碗軽く4杯分（350g）

[作り方]

1 ひき肉は**A**を混ぜ、サラダ油を熱したフライパンの中火でパラパラになるまで炒め、ピーマン、玉ねぎを加えて炒め、しんなりしたら**B**を加えて汁けがなくなるまで炒める。ちぎったバジルを加え、ひと混ぜする。

2 ボウルにごはん、**1**を入れてさっくり混ぜ、4等分し、塩水（p6）を手につけて三角ににぎり、取り分けたバジルをのせる。

えびとしめじのみそ汁

[材料] 2人分

A 殻つきえび（尾を残して殻をむき、
  背に切り込みを入れて背ワタを除く）
    … 10尾（200g）
  しめじ（ほぐす）… 1パック（100g）
  赤唐辛子（ヘタを除く）… 1〜2本
だし汁 … 2カップ
レモン汁 … 大さじ2
みそ … 大さじ1〜1½

[作り方]

1 鍋にだし汁、**A**を入れて火にかけ、煮立ったらアクをとり、ふたをしないで中火で2〜3分煮る。

2 レモン汁を加え、みそを溶き入れ、煮立つ直前に火を止める。

タコス風おにぎり＋パプリカとパクチーのみそ汁

トマトのリコピンの強力な抗酸化作用に、アボカドの若返りビタミン＝ビタミンEと
食物繊維で腸活もできる、タコスの具をおにぎりに。ビタミン含有量トップクラスの
赤パプリカのみそ汁で、美白とアンチエイジング、免疫力も上がります。

タコス風おにぎり

[材料] 2人分／4個

A 合びき肉 … 100g
　ウスターソース、白ワイン (または酒) … 各小さじ2
　にんにく (すりおろす)、クミンパウダー (またはカレー粉)
　　… 各小さじ½
　塩、こしょう … 各少々
　アボカド (1.5cm角に切る) … ½ 個
　レモン汁 … 小さじ2
トマト (1cm角に切る) … 小 ½ 個
ごはん (温かいもの) … 茶碗軽く4杯分 (350g)

[作り方]

1 フライパンにAを入れてよく混ぜ、中火にかけてパラパラになるまで炒める。アボカドはレモン汁をからめる。

2 ボウルに1、残りの材料を入れてさっくり混ぜ、4等分し、塩水 (p6) を手につけて三角ににぎる。

パプリカとパクチーのみそ汁

[材料] 2人分

パプリカ (赤・2cm角に切る) … 1個
パクチー (葉を少し取り分け、残りは1cm幅に切る) … 2株
レタス (ひと口大にちぎる) … 3枚
だし汁 … 2カップ
みそ … 大さじ1〜1½
タバスコ … 少々

[作り方]

1 鍋にだし汁、パプリカを入れて火にかけ、煮立ったら刻んだパクチー、レタスを加えて中火にし、再び煮立ったらみそを溶き入れ、煮立つ直前に火を止める。

2 器に盛ってパクチーの葉をのせ、タバスコをふる。

生ハムモッツァレラおにぎり＋卵とズッキーニのみそ汁

たんぱく質、カルシウムが豊富で低カロリーなモッツァレラに、生ハムを合わせて
おつまみ感覚のひと皿にしました。みそ汁には卵を落とし、うまみと栄養価をプラス。
仕上げにオリーブ油をかけることで、抗酸化作用も高めます。

生ハムモッツァレラおにぎり

[材料] 2人分／4個

生ハム … 8枚（80g）

モッツァレラチーズ（縦4等分に切る）… 1個（100g）

A | バジルの葉（細切り）… 12枚

| レモン汁 … 大さじ1

| 塩、こしょう … 各少々

ごはん（温かいもの）… 茶碗軽く4杯分（350g）

[作り方]

1 ボウルにごはん、**A**を入れてさっくり混ぜ、4等分し、チーズを1切れずつ包んで塩水（p6）を手につけて三角ににぎり、生ハムを巻く。

卵とズッキーニのみそ汁

[材料] 2人分

卵 … 1個

ズッキーニ（1cm角に切る）… 1本

だし汁 … 2カップ

白みそ … 大さじ1½

オリーブ油 … 小さじ1

[作り方]

1 鍋にだし汁、ズッキーニを入れて火にかけ、煮立ったらふたをして中火で2〜3分煮る。

2 みそを溶き入れ、溶いた卵を回し入れ、火を止めてふたをして卵がふんわりするまで蒸らす。器に盛り、オリーブ油をかける。

オムライスおにぎり＋マッシュルームのミルクみそ汁

トマトペーストを使ったチキンライスは、トマトの栄養が凝縮していて濃厚な味わい。
リコピンパワーでアンチエイジングに効果大です。牛乳入りのみそ汁は、
トマトのビタミンCを合わせることで、カルシウムの吸収率が上がります。

オムライスおにぎり

[材料] 2人分／4個

鶏むね肉（皮を除き、粗みじん切り）
… 小 ½ 枚 (100g)
玉ねぎ（みじん切り）… ¼ 個
A｜白ワイン（または酒）… 大さじ 2
｜トマトペースト … 大さじ 1
｜しょうゆ … 小さじ 1
サラダ油 … 小さじ 1
ごはん（温かいもの）
… 茶碗軽く 4 杯分 (400g)
B｜卵 … 3 個
｜牛乳 … 大さじ 2
｜マヨネーズ … 大さじ ½
｜塩、こしょう … 各少々
バター … 10g

[作り方]

1 フライパンにサラダ油を熱し、玉ねぎを中火で炒め、透き通ったら鶏肉を加えて色が変わるまで炒め、Aを加えてとろりとするまで 1 分煮る。ごはんに混ぜ、4 等分し、塩水 (p6) を手につけてたわら形ににぎる。

2 卵焼き器にバターの半量を溶かし、混ぜた B の半量を流して中火で両面を焼き、薄焼き卵を 2 枚作る。長さを半分に切り、1 に巻く。

完熟トマトを裏ごしし、煮詰めて約 6 倍に凝縮したトマトペースト。加熱することでリコピンの吸収率がアップし、強力な抗酸化作用で老化も防止してくれる。

マッシュルームのミルクみそ汁

[材料] 2人分

トマト（縦 6 等分に切る）… 小 2 個
マッシュルーム（縦半分に切る）… 1 パック (100g)
牛乳 … 2 カップ
白みそ … 大さじ 1½
黒こしょう … 少々

[作り方]

1 鍋に牛乳、マッシュルームを入れて火にかけ、煮立ったらふたをしないで中火で 2 〜 3 分煮る。

2 みそを溶き入れ、トマトを加え、煮立つ直前に火を止める。器に盛り、黒こしょうをふる。

中華おこわおにぎり＋チンゲンサイとたけのこのみそ汁

おこわの干ししいたけのビタミンDが、干しえびのカルシウムの吸収をアップ。
みそ汁にはβ-カロテン豊富でビタミンCも含むチンゲンサイを加え、
たけのこで食物繊維を補い、アンチエイジング＆美肌作用、腸活もできます。

中華おこわおにぎり

[材料] 作りやすい分量／10〜12個分

A 市販のチャーシュー（1cm角に切る）… 100g
　　干ししいたけ（水で戻し、軸を除いて1cm角に切る）… 4枚
　　長ねぎ（粗みじん切り）… ½本
　　干しえび（乾燥・湯小さじ1をかける）… 10g

B もち米 … 1½合
　　米 … ½合

C 干ししいたけの戻し汁＋水 … 合わせて1½合

D オイスターソース、しょうゆ、酒、ごま油 … 各大さじ½

グリーンピース（冷凍）… 大さじ2

[作り方]

1 Bは洗ってざるに上げ、炊飯器に入れてCを加えて60分おき、Dを混ぜてAをのせて普通に炊く。

2 グリーンピースを加えてさっくり混ぜ、10〜12等分し、塩水（p6）を手につけて三角ににぎる。

チンゲンサイとたけのこのみそ汁

[材料] 2人分

チンゲンサイ（4cm長さの短冊切り）… 1株
ゆでたけのこ（1cm幅のくし形切り）… 小1本（150g）
だし汁 … 2カップ
みそ … 大さじ1〜1½
五香粉 … 少々

[作り方]

1 鍋にだし汁、たけのこを入れて火にかけ、煮立ったらチンゲンサイを加え、ふたをして中火で1〜2分煮る。

2 みそを溶き入れ、煮立つ直前に火を止め、器に盛って五香粉をふる。

藤井 恵（ふじい めぐみ）

1966年、神奈川県生まれ。管理栄養士。女子栄養大学卒業後、料理番組、フードコーディネーターのアシスタントなどを経て、料理研究家に。著書に『もっと からだ整えおにぎりとみそ汁』『「からだ温め」万能だれで免疫力アップごはん』『50歳からのからだ整え2品献立』『和えサラダ』『世界一美味しい！やせつまみの本』『家庭料理のきほん200』『のっけ弁100』（すべて小社刊）など多数。
Instagram:@fujii_megumi_1966

からだ整え
おにぎりとみそ汁

著　者／藤井 恵
編集人／足立昭子
発行人／殿塚郁夫
発行所／株式会社主婦と生活社
　　　　〒104-8357　東京都中央区京橋3-5-7
　　　　☎03-3563-5321（編集部）
　　　　☎03-3563-5121（販売部）
　　　　☎03-3563-5125（生産部）
　　　　https://www.shufu.co.jp
　　　　ryourinohon@mb.shufu.co.jp
製版所／東京カラーフォト・プロセス株式会社
印刷所／TOPPAN株式会社
製本所／株式会社若林製本工場
ISBN978-4-391-15903-5

デザイン／高橋朱里（マルサンカク）
撮影／福尾美雪
スタイリング／大畑純子

撮影協力／UTUWA

取材／中山み登り
校閲／滄流社
編集／足立昭子